8° L⁴ h
3027

Ces modestes correspondances du théâtre des opérations ont paru, aux mois de décembre et janvier derniers, dans les plus importants journaux suédois : le *Stockholms Dagblad*, le *Sydsvenska Dagbladet* et le *Handels-Tidning*. Elles n'ont d'autre intérêt que de montrer au public français comment l'armée française est appréciée dans les pays neutres, et comment les amis de la France s'y efforcent de présenter les événements sous leur vrai jour. J'ai tenu à donner le texte littéral tel que ces journaux l'ont publié. La situation de neutralité de la Suède les a contraint à mettre une sourdine à certaines de mes appréciations qui ne visaient pas la France, mais elle ne m'a jamais obligé à atténuer l'expression de mon admiration pour la France et pour son armée.

Je mets à profit l'occasion de remercier ici les distingués officiers qui nous ont fait l'honneur de nous accompagner sur le front : le colonel Debains, le capitaine Paul Vallotte, les lieutenants Jean Decrais et Daniel Gautier.

E. S.

I

20 Novembre 1914

C'est réellement avec une joie profonde que je reçus, à Bordeaux, du gouvernement français, l'invitation à partir sur le front avec un petit groupe de journalistes des pays neutres. Je quittai donc, le 8 novembre, Bordeaux, cette ville aimable et hospitalière, où j'avais passé deux mois fort intéressants, encore que je fus contraint à mettre un bœuf sur ma langue, obligation certes peu commode pour un journaliste. J'y avais eu l'honneur de conversations des plus instructives avec d'éminentes personnalités politiques ; mais toujours à cette condition expresse : pas d'interview, au moins pour le moment. Je me crois autorisé à dire seulement que mes interlocuteurs m'y parlèrent avec la plus sincère et la plus chaleureuse sympathie de la Suède, ou plutôt des pays scandinaves considérés comme une unité géographique et politique.

« Quand les alliés seront vainqueurs, — me dirent-ils — les pays scandinaves n'en seront que mieux assurés de leur indépendance et de leur intégrité. Vous devez savoir parfaitement que l'Angleterre aura tout autant d'intérêt à ne pas permettre une atteinte à la sécurité des pays scandinaves qu'elle en a maintenant à défendre à tout prix la Belgique. C'est près des puissances occidentales que vous trouverez alors l'appui le plus solide pour votre indépendance politique, sans — remarquez-le bien — que de ce côté vous ayez jamais rien à craindre pour votre indépendance culturelle et économique. »

Ce raisonnement parut convaincant à votre correspondant, non seulement parce qu'il était tenu par des personnalités qui dirigent actuellement les destinées de la France, mais parce que ces conclusions par la simple force de leur logique s'étaient déjà imposées à mon esprit. (1)

---

(1) Depuis que ces lignes ont paru a eu lieu, sur l'initiative du roi Gustave de Suède, l'entrevue des trois souverains scandinaves à Malmœ, entrevue qui a raffermi plus solidement encore les trois royaumes dans leur neutralité. A cette occasion, la presse anglaise a insisté, de la manière la plus ferme et la plus autorisée, sur la politique traditionnelle de la Grande-Bretagne qui a toujours préservé et maintenu les petits états — politique qui, en ce qui concerne les pays scandinaves, se confond avec les intérêts vitaux de l'Angleterre. Le célèbre écrivain G.-H. Wells a développé que la victoire des alliés, comportant nécessairement l'ouverture des Dardanelles et le partage de la Turquie, dirigerait l'expansion de la Russie vers le sud et soulagerait ainsi les pays scandinaves de la pression russe dont on aurait pu craindre jusqu'ici les tendances à gagner l'Océan par le Nord.

Je quittai Bordeaux avec le train express de 8 heures du soir et j'arrivai le lendemain matin à Paris sans une minute de retard dans la durée ordinaire du trajet. A Paris, la vie a son aspect presque normal. Les quartiers élégants sont vides à peu près comme pendant la saison morte du mois d'août. Le soir, les rues sont moins éclairées qu'à l'ordinaire et les restaurants ferment à 10 heures. L'alimentation est plutôt meilleur marché, par cette raison que les régions environnantes fournissent aussi abondamment toutes les denrées mais que le nombre des consommateurs est diminué de près d'un million. Rien de plus faux que certains bruits tendancieux de famine et de panique qu'on a tenté de propager à l'étranger.

La vie à Paris est tranquille comme dans une petite ville de province. Bordeaux, avec ses milliers de fonctionnaires qui ont suivi le gouvernement, et ses riches étrangers avait un caractère plus animé de grande capitale. La population parisienne, d'une attitude noble et digne, vit dans la conviction inébranlable de l'impossibilité pour l'ennemi d'approcher de Paris. Les Parisiens sont remplis d'une confiance sans limites dans l'énergie du général Galliéni. Même si, contre toute probabilité, l'ennemi arrivait à rompre les lignes françaises sur quelque point vulnérable, vers Soissons ou Roye, par exemple, ceci n'inquiéterait pas un instant les Parisiens. Ils savent que le camp retranché de Paris est hérissé maintenant de travaux de défense, de tranchées, de batteries qui le rendent impénétrable, et qu'il y a là l'armée de Paris, admirablement organisée, exercée depuis deux mois. Les Parisiens me paraissent remplis d'un immense amour et d'une confiance absolue dans l'armée française et ses généraux. Le généralissime Joffre, cet homme froid, ferme et prudent, modeste et silencieux, leur inspire une toute autre confiance que les classiques généraux à panache. J'entends ici dire couramment que la France a eu la chance de trouver un Joffre tout comme l'Allemagne, en 1870, eût son Moltke. Le public ne fait qu'acheter en abondance les portraits de ses généraux. Autour de l'image de Joffre on voit dans toutes les devantures la pléiade d'illustres généraux que la guerre a fait surgir au grand jour : Pau, de Castelneau, Foch, Maunoury, Sarrail et d'autres.

Nous voyons aussi partout les portraits du roi Albert, de French et de Kitchener. Je profite de l'occasion pour démentir les bruits naïfs et tendancieux sur les prétendus malentendus qui se seraient élevés entre les Français et les Anglais. Ai-je besoin de dire que les Français, au contraire, sont très reconnaissants au corps expéditionnaire anglais qui se bat avec tant de bravoure et qui leur apporte une aide aussi efficace et dans une mesure qu'ils n'auraient pas osé escompter d'avance. Scellée par les sacrifices communs et par le sang versé sur les champs de bataille l'intimité franco-anglo-belge restera dans l'avenir ferme et durable. C'est dans cette communauté de sentiments des puissances occidentales qu'on doit mettre son espoir pour l'avenir de l'Europe.

Au Ministère des Affaires étrangères je fus présenté à mes compagnons de route : MM. Carillo, du *Libéral* de Madrid ; Cohen, du *Télégraaf* d'Amsterdam; Dr. Eide, pour la Norvège; F. de Jessen, correspondant de guerre connu, pour le Danemark ; Sarti, représentant de *La Tribuna*, de Rome ; Simms, pour *United Press of América* ; Wagnère, directeur du *Journal de Genève*. Nous sommes accompagnés de trois aimables cicerones : le capitaine V..., les lieutenants D... et G..., appartenant tous à l'arme de la cavalerie. Pendant deux ou trois semaines nous voyagerons parallèlement avec les douze attachés militaires des pays neutres et la mission militaire des Etats-Unis. Depuis trois semaines, ces messieurs attendaient l'autorisation de visiter le front et ce fut considéré par tout le monde comme un signe de la bonne situation de l'armée française que cette autorisation eût été enfin accordée.

Notre petite caravane, composée de quatre autos découvertes, se met en route pour Fontainebleau, la Marne et la Champagne. Je dois dire tout de suite que jamais de ma vie je n'aurais eu idée d'un froid pareil à celui qui me transperçait dans cette course à 80 à l'heure, sous la rafale glaciale qui soufflait sur les plaines immenses de la Marne. Pour un vieux rhumatisant, c'était un exploit aussi mémorable de patauger, certains autres jours, sous la pluie battante, dans la boue jusqu'aux mollets. Car nous quittions souvent les autos pour examiner les champs de batailles et les villages incendiés.

Après cette première expérience, une réflexion s'imposait irrésistiblement à notre esprit à tous : comment sera-t-il possible pour les soldats de passer les nuits dans les tranchées pendant cette saison humide et froide qui commence? La résistance des soldats aux intempéries doit s'expliquer par le feu de la fièvre intérieure, la surexcitation collective qu'amène la guerre et qui les soutient mystérieusement. Prenez un homme isolé dans les conditions paisibles de la vie ordinaire et mettez-le passer la nuit dans une tranchée remplie d'eau, il attrapera inévitablement une pneumonie.

Nous passerons les premières nuits à Fontainebleau, parcourant chaque jour environ 300 kilomètres, afin de visiter les célèbres champs de bataille de la Marne et d'étudier l'organisation de l'intendance. Nous ignorons où l'on voudra bien nous conduire ensuite, mais nous avons pleine confiance dans l'obligeance de nos guides pour nous mener aussi loin qu'il sera possible. Un courant de sympathie et de mutuelle compréhension s'est immédiatement établi entre nous et les officiers français qui nous font les honneurs de la guerre. En attendant, ils nous disent : « vous pouvez faire de l'histoire militaire inédite ; encore aujourd'hui, après deux mois, le grand public ne connaît pas exactement ce qui s'est passé, par exemple du 5 au 10 septembre ».

II

Novembre 1914

Notre temps est divisé ainsi : Pendant une journée ou deux nous parcourons trois à quatre cents kilomètres entre l'aube et le commencement de la nuit ; le troisième jour nous rédigeons nos notes à moins que nous ne prenions pour cette besogne sur nos heures de sommeil (les officiers qui nous accompagnent restent penchés sur leurs cartes jusqu'après minuit). À six heures du matin, mon ordonnance frappe à ma porte, il a nettoyé ma pelisse éclaboussée de boue jusqu'au coude et mes bottes semblables à des mottes de terre. Nos ordonnances sont des réservistes de carrières bourgeoises dans le civil, le mien est voyageur de commerce et celui de mon voisin est pharmacien, nous les appelons « Monsieur » et sommes un peu gênés de leur donner des ordres. Ils sont complaisants, pleins de bonne volonté et très débrouillards comme tous les Français ; ils sont curieux d'entendre nos impressions recueillies dans nos randonnées et nous racontent en revanche des anecdotes de leur vie en campagne.

— « Quand vous visiterez nos soldats dans les tranchées, disent-ils, vous verrez comme ils les ont bien aménagées. Ils y sont installés tout à fait confortablement, avec des toits de planches, des couchettes de paille, des cabinets d'aisance ; il y en a, paraît-il, qui ont des pianos. Les soldats mangent rudement bien, des fois c'est arrangé avec l'ennemi qu'on ne tire pas pendant la demi-heure où l'on va aux provisions. Partout on pourra vous servir un déjeuner complet : sardines, bifteck, dessert et du calvados dans le café.

Puis on recommence à s'eng...... d'une tranchée à l'autre, les Allemands nous crient des choses que nous ne comprenons pas et nous répondons par le mot de Cambronne.»

Voilà ce que je constaterai pendant tout mon voyage : la vive satisfaction du soldat pour l'excellente et copieuse nourriture qui lui est donnée. Cette parfaite organisation du ravitaillement étant, comme on sait, d'une importance primordiale en campagne. Mais les bavardages de mon ordonnance sont interrompus par le ronflement des autos qui nous attendent. Nous partons sur le coup de sept heures, quelquefois plus tôt, pour rentrer dîner au logis vers huit heures du soir, ou même plus tard.

Il fait encore noir et dans une demi-heure nous jouirons, quand le temps est clair, d'un lever de soleil admirable sur les collines de la Champagne, de l'Ile-de-France ou de l'Argonne. Le matin et le soir, surtout, le froid est mordant, 5 à 6 degrés au-dessous de zéro.

Ainsi nous allons à la vitesse de 60 à 80 à l'heure à travers ces nobles paysages, larges plaines et vallées ouvertes aux gracieuses ondulations, paysages aux horizons immenses, coupés par le tracé rectiligne des anciennes chaussées romaines où jadis les légions de César ont passé comme aujourd'hui les soldats du général Joffre. Contrées toute chargées d'histoire, avec leurs villages et petites villes d'un pittoresque si harmonieux, qui semblent découpées dans de vieilles gravures du XVIIIe siècle, toutes avec leurs églises si curieuses, petits bijoux d'architecture dans chaque repli caché du terrain. Pays aux lignes classiques, si admirablement stylisées, dramatisées maintenant par la lumière de l'automne abondante en colorations magiques, vers le soir surtout, quand les ombres descendent, quand le ciel s'incendie d'une lueur de souffre sous les grands nuages violets du zénith. Pays sur lesquels plusieurs fois par siècle les multitudes sanglantes du Moloch des armées ont passé comme des cyclones dévastateurs, pays imprégnés de sang, où l'on respire littéralement à cette heure l'odeur des charniers (car une pestilence sort des tombes hâtives creusées dans la plaine) ; pays si infiniment tragiques, si sinistrement saisissants, avec leurs villages dévastés, leurs longues lignes de murs noircis par le feu. Quand on entre dans ces malheureuses petites cités, on sent quelque chose vous étreindre la gorge. Lamentables petites cités d'où presque tous les hommes sont partis, où les femmes, aux vêtements misérables, traînent parmi les ruines avec leurs petits, où nous sommes salués comme des consolateurs, des protecteurs et des justiciers. Et quand nous partons, le petit troupeau des mioches jettera derrière nous, sous le ciel, le cri de leurs voix grêles : *Vive l'armée !* *Vive l'armée !* Et nous autres, correspondants de guerre, oserons-nous prendre pour nous une petite part de cet hommage des innocents qui monte vers les uniformes qui nous encadrent : officiers, chauffeurs militaires, ordonnances ? Nous aussi avons partagé la joie d'apporter un peu de réconfort à ces infotrunés. Ah ! nom de D..., ce n'est pas avec la plume qu'on exprime ce que j'ai senti alors.

**

Si le lecteur, à présent, veut bien me suivre sur la carte, nous sommes en ce moment autour des villes de Montmirail et de la Fère-Champenoise, longeant les cours d'eau du Grand-Morin et du Petit-Morin, où la bataille de la Marne s'est déroulée six jours durant. Nous approchons des deux capitales viticoles de la Champagne : Epernay et Reims. C'est là que nous entendons pour la première fois la voix profonde du canon. Les détonations se répercutent en longs échos, venant des lignes de feu du front et du bombardement de Reims. Nos officiers remarquent que la canonnade semble plus forte autour de Fismes, entre Reims et Soissons. Nous suivons la Marne, à une distance de quatre à cinq lieues de la ligne du front.

Prochainement, je pourrai donner un exposé stratégique de la bataille de la Marne, une des plus importantes de l'histoire. Pour le moment, je réléverai seulement l'impression des dévastations que nous constatons en passant.

Nous les rencontrons d'abord au village de *Courtacon*, situé à dix kilomètres au nord de Provins. C'était le premier village dévasté, transformé littéralement en un amas de ruines. Peut-être quatre ou cinq maisons restent relativement indemnes, mais quinze ou vingt alentour n'ont plus de toits ni de murs intérieurs, il n'en reste que les murs extérieurs noircis par le feu. Parmi ces dernières, on remarque la gendarmerie dont les murs noircis portent des affiches préfectorales datées du mois de novembre, alors que le village a été brûlé le 8 septembre. Ainsi la vie administrative reprend son cours parmi les décombres. Mais nous constatons que le village tout entier a été dévasté sans avoir subi aucun bombardement. Il n'y a pas trace d'un seul obus, l'ennemi a froidement mis le feu au village lorsqu'il fut forcé de l'évacuer, et pour cette besogne il a exigé des habitants toute leur provision d'allumettes. L'ennemi pourrait-il invoquer quelque raison stratégique pour ces incendies? Je n'en sais rien, je constate simplement une des innombrables violations du droit des gens dont il s'est rendu coupable et je ne puis m'étonner que les habitants des pays ainsi traités ne gardent pas des sentiments fort indulgents pour de semblables envahisseurs.

Après ces quelques jours de randonnées en auto à travers la France du Nord, si épouvantablement ravagée, je demande vraiment à mettre mes lecteurs en garde contre les bruits tendancieux répandus en Suède, relatifs à une paix séparée, une entente franco-allemande et autres semblables insanités.

Le seul Français capable de nourrir une pareille pensée ne vient-il pas d'être plus ou moins volontairement exilé sous le prétexte d'une mission au Brésil? Je vous le dis, c'est ici une lutte pour la vie ou la mort. Je vous dis que le résultat de la méthode de violences de l'ennemi sera d'avoir créé une haine de race qui durera un siècle et près de laquelle celle de 1870 n'était qu'une petite mauvaise humeur bien superficielle.

Je ne prétend pourtant pas me poser en juge d'instruction, mais je laisse la recherche des faits à la *Commission des Horreurs*, la Commission d'enquête officielle qui, le moment venu, déposera son dossier devant le tribunal de La Haye, quand, au nombre des conditions de la paix, la France exigera la punition des coupables et des dommages et intérêts pour les victimes. Je veux seulement dire que les actes de violences, meurtres, viols, pillages, incendies, sont en nombre très grand. Nous en constatons presque dans chaque localité où nous nous arrêtons.

Il est peut-être impossible de maintenir une discipline absolue dans des armées excitées par les horreurs de la guerre ; il semble, d'autre part, que les officiers ont parfois eu une attitude presque complaisante, mais nous constatons dans quelques endroits que lorsque les officiers ont voulu mettre un frein à leurs troupes, ils y sont parfaitement parvenu. Le fait est que durant toute la guerre de 1870 on n'a pas relevé aucun cas semblable à ceux qui maintenant remplissent des listes interminables. Cette fois-ci, la sauvagerie a été lâchée avec incomparablement plus de rage qu'alors. Mes lecteurs peuvent avoir une idée de l'amertume et de l'esprit de vengeance qui remplissent les populations victimes de ces excès ou plutôt, comme les Français l'envisagent, de ces méthodes de terreur froidement calculées. Le peuple français n'est certainement pas d'une trempe à se laisser mater par ce système de terrorisme qui aura, au contraire, pour résultat de le dresser contre l'envahisseur dans une fureur d'indignation indescriptible. Revenu au quartier, je lis justement un interview de M. de Broqueville, qui déclare que la lutte ne s'arrêtera pas avant que l'empire allemand ne soit mis en morceaux et les divers états allemands délivrés de l'hégémonie de la Prusse. Il n'y a pas un officier français, un soldat, un citoyen qui envisage aujourd'hui une autre solution du conflit. Mes lecteurs en peuvent conclure aux dimensions formidables qu'aura cette lutte. Je rends compte simplement de l'opinion que je trouve partout autour de moi (1).

---

(1) Cette lettre a été écrite près de deux mois avant la publication du rapport officiel sur les atrocités allemandes et qui énumère les faits précis que je n'ai pu qu'indiquer avant les constatations juridiques officielles.

III

Novembre 1914

Cette guerre semble présenter une révision de toutes les valeurs admises, un renversement des jugements tout faits, traditionnels à l'étranger, sur le caractère national français et sur l'armée française. Si on veut bien se rendre compte de ce que vaut réellement l'armée française et de ce qu'on peut attendre de sa force d'offensive, il faut considérer avec attention la bataille gigantesque de la Marne, selon les données authentiques qui sont restées, au moins dans nombre de détails, jusqu'ici ignorées du grand public. C'est cet examen que nous avons pu faire, nous autres correspondants de guerre, pendant plusieurs journées de conférences par les officiers d'état-major qui nous accompagnent sur les champs de bataille même. Nous en faisons l'étude sur les lieux, parallèlement avec les attachés militaires étrangers, et ce que j'écris ici n'est qu'un court résumé du chapitre d'histoire militaire qui, sans doute, sortira définitivement des rapports des techniciens éminents que sont ces représentants officiels et qualifiés des pays neutres. La véracité et l'exactitude du rapide exposé que j'en fais ici sont donc au-dessus de toute critique.

Il n'y avait personne, parmi mes amis suédois, qui, avant la guerre, ne s'en allât répétant la vieille rengaine : « Il importe surtout que les Français soient victorieux *au début*, car s'ils commencent par des revers, ils se décourageront, perdront confiance dans leurs chefs et se laisseront démoraliser. » Et quand on sait l'esprit impulsif et mobile des Français, on doit reconnaître que ce raisonnement ne laissait pas de paraître plausible. Mais l'humanité attentive commence à voir clairement que dans cet extrême péril, la nation française a manifesté des forces magnifiques, insoupçonnées de l'étranger. Tous les anciens clichés aveuglément admis sont maintenant détruits.

Le monde a assisté à ce spectacle étonnant : l'armée française, durant le premier mois de la guerre, n'essuyant que des revers et poussée dans sa retraite tout le long chemin de Charleroi jusqu'à la Marne — mais exécutant cette retraite savamment, dans un ordre admirable, infligeant à l'ennemi de très grosses pertes, sans se laisser démoraliser, sans perdre un instant confiance dans ses chefs, et gardant au contraire un moral si excellent, qu'à l'endroit et à l'heure donnés elle passait de la défensive à l'offensive avec une force irrésistiblement victorieuse. Après cinq à six jours de luttes acharnées, les Français battaient en bataille rangée, en rase campagne, l'armée allemande réputée invincible et la forçait à une retraite précipitée. On ne peut plus ici arguer d'une retraite à demi-volontaire ou d'un « recul stratégique , ainsi que les Allemands ont essayé de le faire croire ; ce fut, je le répète, cinq à six jours de luttes formidables où les Allemands déployèrent la résistance la plus acharnée et combattirent avec une fureur extraordinaire. Ils furent néanmoins vaincus (1).

*
* *

Les causes des échecs subis durant le premier mois par les Français sont diverses. Pour une notable partie, la responsabilité incombe à certains généraux, mais heureusement non pas au plus haut commandement. Une vingtaine de généraux au moins furent mis promptement à la retraite comme trop vieux ou comme incapables. Une seule liste parue à l'*Officiel* en énumérait quatorze « mis à la retraite sur leur demande pour convenances personnelles ». Peut-être certains avaient-ils usé de leurs relations politiques pour se maintenir à un poste où depuis longtemps ils auraient dû être remplacés par des forces plus jeunes. Mais à cette heure, il n'y avait plus de considérations politiques qui vaillent. L'opinion publique charge aussi d'une lourde part des responsabilités, M. Messimy, alors ministre de la Guerre. Avec Millerand et Delcassé une nouvelle page a été tournée. D'une main de fer, Joffre a procédé à une révision énergique du commandement, il a remis à neuf en trois semaines toute une partie des cadres des généraux, et une élite de jeunes officiers supérieurs déjà brillamment notés, ont été promus au généralat en sautant un ou deux éche-

---

(1) Déjà, le 14 septembre, j'envoyai au *Stockholms Dagblad* le télégramme suivant : « Maintenant que les détails de la victoire de la Marne commencent à être connus, on estime que la conduite de l'armée française égale les plus beaux faits de l'épopée napoléonienne. Il est extraordinaire que l'armée française ait pu supporter cette longue retraite forcée depuis Charleroi en gardant un ordre parfait et un moral non entamé pour se retourner, dans une offensive rapide comme l'éclair, au moment ordonné par son chef. Les Français ont montré non seulement leur magnifique élan traditionnel, mais encore les plus rares qulités de discipline, de patience, de volonté de fer. La nation elle-même accueille la victoire avec calme, sans forfanterie, comme jusqu'alors elle supportait les revers avec stoïcisme. » Ce jugement, qui rencontra d'abord quelque incrédulité, vit bientôt son exactitude reconnue.

lons intermédiaires. Parmi les généraux anciens les plus capables se sont immédiatement signalés à l'attention et ont été mis à la place qui convenait. C'est la guerre elle-même qui, seule, désigne les vrais chefs. C'est ainsi que monta à l'horizon militaire la pléiade de brillants généraux qui maintenant remplissent les plus hauts postes et qui sont entourés de l'admiration et de la confiance de l'armée et de la nation tout entières. Ceci, les officiers d'état-major ne nous le racontèrent naturellement pas, mais je le savais fort bien et j'écris ici pour dire la vérité sans fard, non pour cacher certaines faiblesses de l'armée française, non plus que pour dissimuler ses mérites. Dans l'intérêt de cette vérité, il faut constater que ces faiblesses furent réparées d'une main habile et prompte, ainsi que l'a démontré la bataille de la Marne.

On avait vu de plus, dès les combats de Charleroi, que la cohésion nécessaire manquait entre les troupes et que celles-ci étaient d'une ardeur trop imprudente. Dans les charges à la baïonnette, elles s'élançaient sans attendre d'être couvertes par l'artillerie et les officiers ne pouvaient pas les retenir quand elles se mettaient à courir à une trop grande distance de l'ennemi, au risque d'être fauchées par l'artillerie ennemie ou d'arriver à l'attaque déjà épuisées. Elles n'avaient pas encore appris à se battre, froidement, en mettant à profit la nature du terrain, mais elles l'ont appris pendant la longue et méthodique retraite de Charleroi à la Marne. Ce fut un mois d'éducation pratique de guerre, sous le feu le plus dûr. L'extrême intelligence, l'élasticité, les facultés d'adaptation du soldat français ont été à la hauteur de l'épreuve. Ce fut donc une armée aguerrie au feu et dans laquelle toutes les anciennes traditions guerrières de la France étaient réveillées, qui prit l'offensive sur la Marne.

***

A la fin du mois d'août, les Allemands avaient gagné les victoires de Sambre et de Meuse et avançaient d'une marche extrêmement rapide, à raison de 40 kilomètres par jour, tout droit sur Paris. Le général Joffre résolut alors d'opérer une retraite stratégique qui, pour ainsi dire, aspirait à sa suite l'armée ennemie vers la ligne de la Marne où ses calculs envisageaient la reprise de l'offensive et il sut réaliser cette opération particulièrement difficile de telle manière qu'elle restera comme une des plus glorieuses manœuvres stratégiques qu'ait enregistrée l'histoire.

Le 4 septembre au soir, Joffre publiait son célèbre ordre du jour, ordonnant pour le lendemain matin l'offensive générale sur tout le front et qui se terminait par les paroles fameuses : « L'heure n'est plus de regarder en arrière, mais s'il le faut de se faire tuer sur place. » Le front des armées occupait l'immense étendue qui va de Verdun au sud de la forêt d'Argonne, jusqu'à Vitry-le-François, et de là au sud de la Marne en traversant la Fère-Champenoise, Sézanne, Esternay, Coulommiers, Meaux et aboutit au camp retranché de Paris.

Les forces françaises étaient composées des *armées* suivantes (« une armée » est une unité assez variable composée de trois à cinq corps d'armée ou plus ; certaines armées sont évaluées jusqu'à 400.000 hommes) : l'armée du général SARRAIL, la plus à l'est, appuyée sur Verdun, que Sarrail commande encore aujourd'hui ; l'armée de LANGLE DE CARRY, de l'Argonne jusqu'à Vitry-le-François ; l'armée FOCH au centre, juste au sud d'Epernay (batailles du Grand et du Petit Morin), appuyée sur l'armée FRANCHET D'ESPEREY couvrant les plateaux au nord de Provins ; l'armée anglaise du maréchal FRENCH dans la région de Crécy-en-Brie et de Coulommiers ; enfin, à l'extrême gauche, appuyée sur l'armée de Paris, l'armée MAUNOURY, transportée là d'Amiens.

En face se trouvaient, comptées de l'ouest à l'est, les forces allemandes suivantes : armée VON KLUCK (II, III, IV, IX corps actifs et deux corps de réserves) ; armée VON BULOW (la Garde et VII, X corps actifs et deux corps de réserves) ; armée VON HAUSER (XII, XIII corps actifs, un corps de réserves) armée du DUC DE WURTEMBERG (V, VI, XVIII corps actifs et deux de réserves) ; enfin, contre Verdun, l'armée du KRONPRINZ (trois corps actifs et deux de réserves).

Les Allemands abandonnèrent alors pour le moment leur but essentiel, Paris, pour faire un mouvement tournant au sud-est et prononcer la grande action définitive sur la ligne de la Marne contre l'armée française qui l'attendait en forme excellente avec des forces non diminuées, prête à tomber sur le flanc des Allemands s'ils commençaient l'attaque de Paris. De tenter le siège de Paris sans en avoir fini avec l'armée de la Marne aurait été, de la part des Allemands, une faute grave. Mais le commandement allemand paraît avoir commis la dangereuse erreur de méconnaître les forces réelles de l'ennemi. Il ne s'attendait pas à trouver l'armée anglaise, au moins pas aussi forte, sur ce point précis et il ignorait l'existence de l'armée du général Maunoury, à l'aile gauche, s'imaginant que cette armée était identique à l'armée de Paris du général Galliéni, et par conséquent non dangereuse car les Allemands comptaient que l'armée de Paris n'oserait jamais sortir du camp retranché de Paris. Ils n'avaient, malgré tout leur espionnage, aucun soupçon que l'armée de Maunoury eût été amenée là d'Amiens. Aussi ce leur fut la plus désagréable des surprises lorsque, le 5 septembre au matin, l'offensive mordante de Maunoury s'incrusta solidement dans leur aile droite. Renforcée par quelques milliers d'hommes de l'armée de Paris, arrivés en autobus, l'armée Maunoury se battit glorieusemnt pendant six jours, et le 10 septembre le général Maunoury remportait la brillante *victoire de l'Ourcq*.

La bataille monstre de la Marne, la plus vaste de l'histoire universelle, se partage en deux éléments essentiels : cette bataille de l'Ourcq et les batailles dites du *Grand-Morin* et du *Petit-Morin*, deux cours d'eaux jumeaux qui tombent dans la Marne après avoir traversé les villes de Sézanne, d'Esternay et de Montmirail. Là, juste au sud d'Epernay, l'armée Foch supportait le choc des troupes d'élite de l'arméee allemande, la garde prussienne. La garde avait donné auparavant à Charleroi et à Guise seulement, les deux fois avec de très grosses pertes, et depuis on l'avait économisée jusqu'à l'action contre le centre français au sud de la Marne. Le 5 septembre au matin, le général Foch prit l'offensive avec une grande énergie mais fut obligé de se replier ; trois jours de suite il revint pourtant à la charge et réussit finalement par une manœuvre extrêmement hardie à tomber dans le flanc de l'ennemi. Le 10 septembre au soir, il établissait son quartier général à la Fère-Champenoise que les Allemands avaient été forcés d'évacuer le matin même. La garde fut écrasée particulièrement dans les marais de Saint-Gond. Le 11 septembre, les Allemands étaient en retraite précipitée sur tout le front, mais le désastre eût été encore beaucoup plus grand pour l'ennemi, si les Français avaient possédé plus de munitions et s'ils n'avaient pas été à bout de forces pour continuer la poursuite.

Ces contrées nous étaient devenues tout à fait familières. Je me rappelle le petit village au nom prédestiné d'*Allemant*, où la fortune de la guerre se retourna contre les Allemands et le château de Mondement avec ses quatre tours percées à jour par les obus, située sur une colline qui, cinq fois dans la même journée, fut prise et reprise à la baïonnette. J'ai séjourné à Montmirail et dans d'autres cités dévastées où les autorités et les habitants ont porté témoignage devant nous de leurs souffrances et des atrocités de l'invasion.

Tous les généraux de cette grande bataille se sont couverts de gloire, mais il ne faut pas en oublier un qui était à distance et qui remplit pourtant un rôle important, je veux parler du général de Castelnau, le défenseur de Nancy. Il paraît que s'il n'eut pas tenu Nancy le généralissime n'aurait guère pu réaliser son plan génial. Ce fut Castelnau qui permit à Joffre de garder sa complète liberté de mouvement. Et méditons le cas de Nancy. La capitale de la Lorraine, ville ouverte, était considérée comme sacrifiée d'avance et devant être occupée par l'ennemi 48 heures après la déclaration de guerre. Mais Nancy tient encore aujourd'hui, abritée derrière le rempart mobile de son armée qui occupe « le grand couronné de Nancy », hauteurs jusqu'ici imprenables.

Celui dont le nom brille avec le plus d'éclat, après le nom

du général Joffre, est pourtant le général Foch qu'on m'a dit de souche Lorraine, en tout cas élevé en partie à Metz. Actuellement, Foch occupe le poste le plus de confiance auprès de Joffre, comme une sorte de vice-généralissime et l'affection qui unit ces deux grands capitaines est célèbre. Le général Foch a été transporté dans les Flandres où il a le haut commandement de toute la ligne nord-ouest de Noyon, jusqu'à la mer du Nord. Le général Foch y commande quatre armées et le chef d'une d'entre elles n'est autre que le général de Castelnau, transporté de Nancy sur ce point non moins important.

IV

Novembre 1914

Après les visites des champs de bataille de la Marne, nous avons fait celles des tranchées. Non pas à la vérité celles de première ligne ou ligne de feu, mais celles de seconde ligne, et je ne puis quant à leur situation dire autre chose, sinon qu'elles se trouvaient dans la direction de Soissons.

Qu'on se figure une éminence peu élevée formant un assez large plateau, dans une position stratégique dominant les plaines et les vallées alentour. Elle n'offrait au regard rien d'apparent et paraissait vierge de tous travaux humains ; ce fut seulement en gravissant sa côte que nous nous aperçûmes que toute la colline était comme couverte d'un filet de tranchées, au dessin ondulant comme les anneaux d'un serpent. Elles semblent courir capricieusement, comme au hasard, mais lorsque on suit leurs courbes changeantes, on découvre un plan directeur qui a su excellemment utiliser les conditions du terrain, pour créer des lignes de communications protégées entre les tranchées elles-mêmes et les chambres de repos et autres installations utiles.

Ces tranchées n'ont rien de commun avec les représentations fantaisistes de certains illustrés, qui nous montrent des soldats à genoux dans un fossé tirant par dessus un bourrelet de terre haut comme une table. Ce sont des constructions profondes, solides et savantes. Elles sont si étroites qu'on les enjambe aisément. Voici le plan d'une tranchée vue d'en haut.

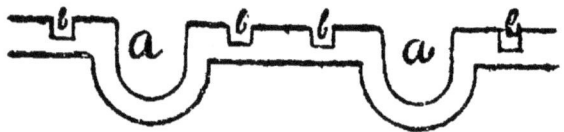

Entre chaque saillant B, il y a place pour deux ou trois hommes. A peu d'intervalle, comme on voit, sont disposées des demi-lunes destinées à empêcher les obus de prendre en enfilade les tranchées. Si un obus tombait entre les demi-lunes dans la tranchée, il ne pourrait en tout cas atteindre que les six hommes qui se tiennent entre les deux A, encore ceux-ci sont-ils relativement protégés par les petits saillants B. Le boyau de la tranchée est si étroit qu'un seul homme y peut passer, et si deux se rencontrent, l'un doit monter sur le banc (entre les deux B). Car un banc de terre court le long de la paroi, et pour tirer il faut monter sur ce banc. La tête seule est alors hors de la tranchée, et juste sous le bord se trouve un appui pour épauler. La profondeur totale de la tranchée est donc de près de deux mètres.

Des escaliers commodes descendent dans les tranchées et ce qui frappe immédiatement quand on y pénètre, c'est la température abritée qui règne là. Pour moi qui descendais d'auto j'avais la sensation d'entrer dans un bain d'air tiède. Il faisait ce jour-là, au matin, six degrés au dessous de 0, et à midi encore les flaques d'eau étaient couvertes d'une glace qui supportait d'assez grosses pierres. Ce n'était d'ailleurs pas de l'atmosphère froide qu'on souffrait dans les autos découvertes, mais du vent cinglant qu'engendre une vitesse de 80 à l'heure. Mais ici, au fond des tranchées, on se sent si délicieusement à l'abri des intempéries, qu'on voudrait y rester. Je souhaite aux soldats un hiver froid et sec, la pluie seule me paraît terrible.

Des tranchées partent d'autres boyaux, toujours sinueux, qui conduisent aux dortoirs souterrains de cette colonie de taupes. Ce sont de vastes trous creusés à deux ou trois mètres de profondeur et pourvus d'une solide toiture de planches et de madriers, et recouverte de terre. On peut marcher là-dessus sans se douter que des êtres humains dorment sous vos pas. On ne remarque que certains trous mystérieux servant à l'aération. Dans ces dortoirs se trouvent des banquettes de terre disposées en gradin, et sur lesquelles les soldats placent leurs couchettes de paille, en s'enfonçant autant que possible dans la paroi ; car la terre chauffe. Dans un semblable dortoir, rempli de 30 à 40 hommes, la pureté de l'air laisse évidemment à désirer, mais l'essentiel est de se tenir chaud en se parquant ensemble. D'autres boyaux mènent aux lieux d'aisance, pratiquement installés pour l'écoulement des matières, d'autres à la salle de bains où l'on doit installer des douches à l'aide de tonneaux percés de trous d'arrosoir. D'autres boyaux encore mènent au poste d'observation, très bien dissimulé, de l'officier. Dans certaines tranchées on a réussi à installer des cuisines, mais généralement les cuisines de campagne se trouvent plus loin, abritées par un accident du terrain, et il y a naturellement un assez grand risque à apporter la nourriture chaude. En beaucoup d'endroits, on y supplée à l'aide de fourneaux à alcool et de braseros. Le soldat peut d'ailleurs s'en tirer pour quelques jours avec ses conserves de sardines et de bœuf (celui-ci dénommé *singe*), mais on fait tout le possible pour lui donner sa soupe chaude, même dans les tranchées de première ligne. Il se rattrappe d'ailleurs largement lorsqu'il est relevé, et quand il prend quelques jours de repos dans les positions abritées à quelques kilomètres en arrière. Un demi-kilo de viande fraîche par jour, du jambon, du saucisson, des sardines ou du thon, des légumes, du fromage, des confitures, du café, thé ou chocolat, un tiers de litre de vin, un seizième de litre d'excellent calvados par jour, voici, avec 700 grammes de pain, et du tabac, ce qui constitue l'ordinaire du soldat français. Le haut commandement attache une extrême importance à l'abondante alimentation des troupes et a su organiser le ravitaillement de manière tout à fait remarquable.

— Nous tenons beaucoup à varier l'ordinaire du soldat, afin qu'il ne soit pas dégouté par sa monotonie, me déclarait un officier d'intendance. Un jour je leur envoie des sardines, le jour après du saucisson, le troisième du thon, le quatrième du jambon. Un jour des haricots, le deuxième du riz, le troisième des pois, le quatrième des pommes de terre — de ces dernières ils demandent le moins possible, car ils en arrachent dans les champs.

Pour moi je n'ai pas vu de pianos dans les tranchées, mais des témoins dignes de foi m'ont assuré qu'il en existe. Il y a en tout cas des gramophones, qui se font entendre même par téléphone de campagne, des jeux divers, cartes, dames, etc., et le fait est qu'on y rédige des journaux comiques, imprimés à la machine. Le soldat français est connu surtout pour être *débrouillard*, c'est-à-dire pour savoir se retourner et tirer le meilleur parti possible d'une situation donnée. Sur ce point, il n'a certainement pas son pareil au monde. Mais ce qui brille et réchauffe surtout là-bas dans les tranchées, c'est l'incomparable bonne humeur du piou-piou français; il supporte toutes les épreuves avec une crânerie joyeuse car il a le soleil et le vin dans le sang ; et je suis convaincu qu'il n'y a pas d'exagération dans toutes les anecdotes que j'entends sur l'esprit de gaîté pittoresque et de nargue au danger qu'il cultive dans ses taupinières.

Des contrées entières creusées de semblables lignes de retranchements, vous donnent l'impression d'une ceinture de défense inexpugnables. Quelques kilomètres plus loin, cette fois en rase campagne, nous rencontrons à maintes reprises de nouveaux réseaux de tranchées, serpentant de la même manière sur de vastes plaines et construites avec la même remarquable précision. Car on est surpris surtout par l'élégance soignée de l'exécution. Les saillants en demi-lune sont d'une courbe mathématique, les parois sont absolument droites comme construites au fil à plomb par un architecte ; les bancs et les marches des escaliers sont nets, fermes, durs comme des constructions en ciment ; c'est le travail de maçonnerie le plus soigné, bien qu'exécuté uniquement avec de la terre. C'est le travail irréprochablement achevé, amoureusement fini que les Français apportent en tout ce qu'ils font. On me dit que dans d'autres tranchées, les nouveaux troglodytes ont décoré leurs demeures d'ingénieux ornements en paille tressée d'un goût excellent.

Une bizarre association d'images se fait instantanément dans mon esprit, évoquant un des phénomènes les plus caractéristiques pour une juste compréhension de la race française. Devant mes yeux intérieurs, je vois, dans la nuit, la théorie des énormes voitures de maraîchers descendre les Champs-Elysées en route pour les Halles. Dans tout autre pays ces chargements auraient montré un pêle-mêle de légumes jetés les uns sur les autres dans une confusion inharmonieuse; dans ces voitures maraîchères de la banlieue parisienne, les choux frisés, les bottes de carottes ou de navets sont disposés symétriquement avec une recherche d'art évidente ; on dirait d'un énorme bouquet de légumes, pièce montée pour une exposition d'agriculture. Or, le destin de ces ingénieuses constructions est d'être aperçu en passant par quelques noctambules, puis d'être démolies sur le carreau des Halles avant le petit jour. Tel est la clarté, la précision et l'élégance que le Français met dans la plus humble œuvre de ses mains, parce qu'il l'accomplit avec joie et avec amour. Telle est la conception de la vie que possède instinctivement le Français, et c'est pourquoi il a construit ces tranchées avec un si excellent fini : partie par goût du travail en lui même, et aussi parce qu'elles doivent servir pour un certain temps de demeure et de foyer aux soldats.

V

Décembre 1914

En quittant les tranchées, nous rentrons à notre quartier général à une vitesse vertigineuse, de temps à autre, près des villes, des ponts et des passages à niveau arrêtés par les terribles territoriaux avec leurs longues baïonnettes luisantes. Ils ont l'air farouche, hirsute comme de vrais « poilus », le nom amical qu'on donne aux vieux briscards. Remplis de leur devoir, ils ne laisseraient pas passer un chat ; les uniformes militaires ne les convainquent point, nous pourrions être des espions allemands déguisés. Notre capitaine d'état-major doit vingt fois par jour sortir ses papiers qui sont minutieusement examinés. Puis nous repartons à grande vitesse pour rattraper le temps perdu. Les routes sont superbes, un peu plus creusées d'ornières à l'approche du front. Nous ne croisons pas encore des troupes en marche mais nous sommes arrêtés par de longs convois de munitions ou de ravitaillement, ainsi que par de grands troupeaux de bétail. Un soir, entre 7 et 8 heures, dans la plus complète obscurité, nous sommes tombés en plein au milieu de troupeaux de bœufs et de moutons, deux à trois mille bêtes en tout, peut-être. Pendant une demi-heure, nos autos marchent au pas parmi le cri ininterrompu des sirènes, les pâtres jurent, les chiens aboient, nos phares aveuglent les bœufs galopant qui s'effarent, nous croyons onduler au-dessus d'une mer de cornes, et voir à chaque instant les bœufs envahir nos autos, c'était un spectacle indescriptiblement tumultueux et pittoresque.

Chaque jour, nous volons ainsi d'un champ de bataille à un autre, entre des villages dévastés, longeant des maisons noircies par le feu, aux toits béants, et parfois une église, trouée par les obus. La dévastation s'étend sur le pays à la façon des taches de la lèpre. Les parties saines nous montrent auprès de ces taches des villages indemnes où la vie refleurit déjà. Ailleurs encore, les maçons et les couvreurs ont fait leur œuvre, les toits sont réparés, les immenses trous des obus, sur deux mètres de diamètre, sont bouchés. Souvent, une inscription en lettres rouges rappelle sur la chaux blanche « *Obus* 1914 ».

La plaine, parfois, aussi loin que le regard peut s'étendre, semble semée de fleurs tricolores, vaste champ de bleuets, de marguerites et de coquelicots. Ce sont les tombes des soldats, ornées de leurs petits drapeaux tricolores, qui flottent au vent. Souvent aussi, les petites croix de bois blanc portent un képi de soldat, symbole peut-être encore plus émouvant et plus directement évocateur. Voilà où reposent les héros inconnus, un petit groupe de frères d'armes dans chaque tombe, et ainsi les tombes s'étendent étroitement serrées l'une contre l'autre. Moisson de la guerre sur ces champs qui portaient des épis. Certaines tombes sont délabrées et la croix n'en est faite que de deux branches hâtivement brisées et couvertes de leur écorce. En d'autres régions, elles sont entretenues avec piété, les croix de bois blanc portent une rangée de noms et le numéro du régiment ; elles portent des couronnes de perles, à leur pied fleurissent des modestes fleurs en pots. Déjà, sur la route, on respire en approchant de ces champs de morts, l'odeur de pestilence que dégagent ces tombes recouvertes d'une mince couche de terre. Mais les fosses où sont enterrées les chevaux répandent surtout une puanteur effroyable. Dans l'une d'entre elles on en avait enfoui cent cinquante ; les chiens du village rôdaient autour, on les voyait gratter le sol et traîner dans leur gueule quelques ossements. Et partout autour de nous, les rangées de corbeaux se profilent sur le ciel gris de plomb. Il paraît que dans les bois les cadavres pourrissent encore en plein air. Mais qu'est cela à côté des fameuses carrières de Soissons où se liquéfient des milliers de cadavres allemands, impossibles à approcher, par raison sanitaire?

Ce fut aux troupes de la territoriale que revint la sinistre besogne de « nettoyer » les champs de bataille et d'ensevelir les morts. Ce sont les seules qui se soient plaintes en obéissant, et on peut le comprendre. Nous aimerions mieux, disaient-ils, nous battre cinq jours sans manger, que de faire cette besogne.

Mais la scène change. A quelques kilomètres de ces contrées de désolation, nous nous trouvons dans une bourgade presque souriante, où tous les dommages sont réparés, où le commerce et les communications ont repris de nouveau, où nous retrouvons toute l'activité et toute la sociabilité aimable du Français.

*
* *

Jamais je n'ai senti aussi fortement l'élasticité de résistance du tempérament français, et les ressources inépuisables du plus riche pays au monde, que pendant cette randonnée à travers des cités situées immédiatement derrière les lignes de feu. Elles viennent de subir la plus effroyable des invasions, mais elles semblent à peine s'en ressentir, tellement elles ont vite repris confiance, dans une conviction inébranlable que l'ennemi ne reviendra plus. Dans ces localités, où les banques sont rouvertes, les magasins montrent d'élégants étalages ; nous trouvons dans des petites villes de deux mille habitants tout ce qu'il faut pour compléter notre équipement, en un mot la vie y circule, comme sous un coup de fouet, plus intense que dans le calme de la paix. Je me figurais ces petites villes, encore si près de l'ennemi, à moitié désertes, leurs habitants fugitifs, et je les trouve plus animées qu'en temps ordinaire.

Je me souviens d'un interview d'il y a deux ou trois ans du célèbre inventeur américain Edison. C'était la première fois qu'il visitait la France et il venait de la parcourir en auto. Deux choses l'avaient surtout frappé : l'excellence des routes et celle de la nourriture dans les petites auberges. Un pays, dit-il, qui a de si belles routes et offre une nourriture si saine et si raffinée dans les plus modestes endroits, est certainement le pays qui possède le mieux l'art de la vie. C'est un point de vue comme un autre. Edison retrouverait en pleine guerre ces qualités qu'il prisait si fort. C'est avec un étonement admiratif que je parcourais des milliers de kilomètres sur ces routes sur lesquelles des armées de millions d'hommes et leur lourde artillerie avaient passé sans laisser la moindre trace, mais qui s'étendaient lisses, nettes et unies comme des parquets. C'est ainsi quand on a appris des Romains l'art de bâtir.

Le célèbre américain aurait aussi retrouvé, dans les petites auberges si aimablement modestes, les mêmes repas bourgeois à la française, abondants et honnêtes, simples et fins, repas uniques au monde, comme n'en donne aucun Palace-Hôtel. Toute l'abondance de la France a reflué vers le front ; nous avons l'impression qu'elle coule d'un réservoir inépuisable. En peut-on dire autant de l'autre côté du Rhin?...

Cette impression est devenue, si possible, encore plus forte quand nous avons visité les installations d'intendance. Nous venons de voir un grand dépôt central, destiné à emmagasiner et à distribuer le ravitaillement d'une armée toute entière qui ne compte pas moins de 300.000 hommes. Le chef de ce dépôt est en rapport continu avec tous les préfets de France qui lui fournissent, selon ses ordres, les denrées nécessaires. Là, on sent de façon tangible comment chaque département de la France collabore à l'entretien matériel de ce mur vivant que forme l'armée et qui protège le pays. Justement, quand nous arrivons, on annonce que le Midi a décidé d'offrir un million d'hectolitres de vin, et probablement davantage, pour augmenter l'ordinaire du soldat, car la seule ration insuffisante est peut-être celle du vin, dont le soldat ne reçoit qu'un tiers de litre par jour. Autrement, comme nous l'avons dit, la nourriture du soldat est réellement très abondante. Nous voyons parqués les troupeaux de bœufs, dont la consommation est de cinq cents têtes par jour, pour cette armée de 300.000 hommes, soit pour chacun d'entre eux la forte ration d'une livre de viande fraîche par jour. C'est cette abondante nourriture, jointe à la vie continuelle en plein air, qui fait que les soldats engraissent à vue d'œil dans les tranchées. J'en connais qui, anémiés par une vie de bureau, affligés de maladies d'estomac, ont repris à ce régime une santé florissante.

La livre de viande fraîche ainsi que les légumes secs et les pommes de terre, forment la ration réglementaire à laquelle le soldat a droit en temps normal, mais durant cette guerre on y ajoute quotidiennement des extra, tels que sardines, thon, saucisson, jambon, langues fumées, confitures, etc. Le dépôt centralise aussi le bois à brûler et l'avoine pour les 90.000 chevaux de l'armée. Chaque jour partent, toutes les deux heures, pour la gare régulatrice, les trains de ravitaillement ; d'abord celui, du pain, puis celui de la viande, celui du vin, celui des légumes, celui des sardines et fromages, etc.

Les gares dites régulatrices, une pour chaque armée et situées plus près du front, ne reçoivent pas seulement les trains de ravitaillement du dépôt central, mais encore tout ce qui est nécessaire à l'armée : munitions d'artillerie, cartouches, outils pour creuser les tranchées, uniformes, objets d'habillement. C'est ici qu'arrivent aussi les centaines de mille de paquets de chauds lainages: chandails, chaussettes, pieusement tricotés dans les familles.

On y centralise et distribue même les unités vivantes : les blessés qu'on dirige ensuite sur les hôpitaux et combattants rétablis de leurs blessures, qu'on renvoie au front. Nous entrons dans une ancienne usine transformée en hall de convalescence ; le vaste bâtiment, vivement éclairé à l'électricité et fortement chauffé, a un aspect confortable, les blessés y sont étendus sur la paille qui couvre presque tout le parquet. Ce sont des blessés relativement peu atteints, des convalescents ou des surmenés auxquels on donne quelques jours de repos. Dans un autre établissement, nous voyons passer les soldats renvoyés des ambulances au front ; il y a là des dames de la Croix-Rouge qui distribuent les lainages envoyés en dons par les particuliers et les associations. On interroge chaque soldat sur les objets qui peuvent lui manquer ou qu'il désire particulièrement, et il sort de la pièce chargé de chemises, de chandails, de chaussettes, etc. L'affluence des dons surpasse, ici au moins, les besoins me dit-on ; il y arrive des dizaines de milliers de paquets par jour.

De tout ce que nous avons pu examiner des services d'intendance et des ambulances nous avons reçu l'impression que ces immenses mécanismes fonctionnent, au moins près du front, avec une précision merveilleuse. Je savais déjà, par des autorités militaires, que pendant ces dernières années on avait porté au développement de l'intendance des soins tout particuliers et que ce service si important avait réalisé des progrès considérables. Je savais aussi ce fait curieux que durant l'action commune des contingents européens en Chine, l'intendance allemande avait été obligée de recourir à l'intendance française pour les besoins de ses propres troupes.

Nul conteste néanmoins la méthode d'organisation allemande et sa préparation formidable. Moi-même, qui ai traversé l'Allemagne une trentaine de fois, n'ai pu éviter d'être frappé par l'ordre rigoureux et la discipline de fer qui y règle toute la vie sociale. J'ose seulement soutenir que sur nombre de points, comme ici dans l'intendance militaire, la vive intelligence et la faculté d'application du Français remplace très heureusement le mécanisme rigide qui fait la force d'organisation de ses adversaires.

La préparation française était, sur certains points, en retard sur celle des Allemands (manque de grosse artillerie de campagne, par exemple), mais ceci a été vite réparé, grâce à cette qualité d'élasticité merveilleuse que la France est seule à posséder et qui est faite d'intelligence rapide, d'ingéniosité et d'un extrême élan dans l'effort d'énergie. Ainsi qu'une très haute personnalité me le rappelait à Bordeaux : « Oui, notre flotte de la Méditerranée était absolument désorganisée, mais tel est le ressort du tempérament français qu'en faisant appel à l'ambition et à la bonne volonté de chacun, nous avons en deux ans réparé le mal et refait une armée navale de tout premier ordre».

Il est évident qu'on se laisse aussi duper par les apparences superficielles. Lorsqu'on voit, par exemple, l'employé de chemin de fer allemand, astiqué, guindé, militarisé, on se figure que forcément son service doit être plus perfectionné que celui de son collègue français, dans son laisser-aller démocratique et familier. Or, la mobilisation française a été un modèle de vitesse et de ponctualité, telle que l'Allemagne elle-même n'a rien pu présenter de mieux, car il est impossible de mieux faire. Les cheminots français ont hautement mérité de la Patrie.

Tous les services sanitaires que nous visitons témoignent du même esprit d'organisation et du même dévouement. J'avais déjà visité des hôpitaux militaires à Bordeaux et vu nombre de blessés, et j'avais reconnu l'excellence de l'hygiène et la minutieuse propreté. Les mêmes qualités se retrouvent près du front avec parfois naturellement un caractère d'improvisation. Mon collègue norvégien, qui est médecin de profession, inspecte tout en connaisseur et trouve tout parfait. Là, comme ailleurs, nous voyons les blessés dans un état de béatitude lasse, qui est si naturelle à la sortie de l'enfer traversé, en se retrouvant la vie sauve, dans un lit blanc, et surtout entouré de la sollicitude et de la tendresse de femmes admirables de dévouement. Nous n'avons évidemment pas vu ceux qu'on appelle les « grands blessés », non plus que l'horreur des plaies béantes, nous n'avons vu l'épouvante de la guerre qu'après, pour ainsi dire, toilette faite, mais nous constatons au moins que tout ce qui est humainement possible pour réparer ses cruautés et diminuer ses douleurs, est fait ici. Mais ceux qui en jouissent le plus, ce sont les blessés allemands qui, à leur béatitude d'avoir échappé à la mort, ajoutent la satisfaction d'être quittes désormais des travaux du champ de bataille. Il faut dire qu'ils sont généralement un peu mieux traités que les Français eux-mêmes, ceci par un esprit de chevalerie qui va peut-être un peu loin. Je me souviens de leurs figures rayonnantes de contentement et de reconnaissance. Un jeune allemand, aux traits du reste sympathiques, nous dit : *Wir sind sehr gut gepflegt und behandelt* (Nous sommes fort bien nourris et soignés). Son camarade l'approuve joyeusement de son lit en s'écriant : *Hier kein not* (Ici, il ne nous manque rien). J'entre en conversation et le premier m'avoue qu'il avait eu peur en tombant entre les mains des Français, car on lui avait parlé de leur cruauté. Mais le second proteste vivement : « Je n'avais jamais cru cela, je savais fort bien que les Français étaient bons et compatissants ». Il me montre la photographie de sa petite fille, il reçoit très régulièrement les nouvelles de sa famille qui mettent seulement six jours à lui parvenir, par l'intermédiaire de l'admirable institution qu'est la Croix-Rouge de Genève.

Le noble spectacle qu'on admire dans les hôpitaux, l'héroïsme que montrent devant la souffrance les soldats français, le dévouement courageux de la femme française, tout ceci devrait être un chapitre à part, dont les hôpitaux de Paris principalement, avec leur très remarquables installations, offriraient la plus riche matière.

VI

Décembre 1914

Nous sommes entrés à Reims, la ville éprouvée entre toutes les autres, *la ville martyre*. Depuis soixante-quinze jours, elle vit sous un bombardement ininterrompu, qui lentement et méthodiquement effrite l'incomparable cathédrale et qui a mis en ruines une autre merveille architecturale, l'église Saint-Rémi. Je passe sur les dévastations des divers établissements industriels, fabriques de champagne, etc. Reims, il importe de le faire remarquer, est une ville ouverte, sans fortifications, sans ouvrages défensifs, sans artillerie, sans garnison, enfin sans aucune installation militaire ; Reims, tout récemment encore la ville riche, élégante, encadrant la cathédrale qui s'élevait comme un *gloria in excelsis*, Reims n'est bientôt plus qu'un amas de ruines, sur lequel s'acharne l'ennemi.

Je trouve précisément dans un journal de Paris, la veille de notre visite, sous le titre « La Ville martyre », un article qui cite des lettres d'un habitant demeuré dans la malheureuse ville : « La vie devient maintenant insupportable. Quand on sort dans la ville pour aller aux provisions, on ne sait jamais si on rentrera vivant. Nous couchons dans les caves où les rats courent entre nos jambes. » Suit la liste des bombardements, avec deux à trois cents bombes la plupart des jours.

Ce journal, *La Liberté*, écrit que quand tous les sacrifices et tous les traits de bravoure de cette population, le maire en tête, seront connus, ils mériteront d'être inscrits dans le livre d'or de l'héroïsme français. Je puis témoigner que dans cette appréciation il n'y a ni fanfaronnade, ni exagération, mais la pure vérité et la simple justice.

Nous avions alors notre quartier général à Epernay, à dix-huit kilomètres de Reims, et nous entendions très nettement jour et nuit le canon bombardant la ville voisine. Nous étions installés dans les palais des magnats du Champagne, et j'avais pour ma part un appartement chez Mme de V..., belle-mère du comte de Mun.

La riche et charmante ville d'Epernay avait d'ailleurs son aspect presque ordinaire, à peine quelques habitations étaient endommagées, l'ennemi pendant son occupation du 4 au 13 septembre s'était ici conduit avec ménagement. Je ne me charge pas de dire par quelles raisons l'ennemi, selon les lieux, s'est montré tantôt presque humain, et tantôt sans aucun frein, mais ceci doit dépendre principalement du commandement. Bref, à Epernay, la vie avait repris son cours ; je rencontrai sur les boulevards des femmes fort élégantes promenant de ravissantes fillettes ; la population montrait cette belle insouciance courageuse qui vous frappe tant dans les localités voisines de la ligne de feu.

Le 25 novembre, nous dînions dans le premier hôtel de la ville, dans la même salle que les attachés militaires, qui revenaient justement de leur excursion à Reims. Le vin du pays ne faisait pas défaut, et la salle présentait comme un air de fête, avec la trentaine d'uniformes de pays divers qui se mêlaient à la tenue de voyage de nous autres journalistes.

— « Le bombardement d'aujourd'hui était bien maigre, me dit un officier, non sans quelque désappointement ; deux ou trois bombes à bonne distance de nous, à peu près comme les projectiles des taubes à Paris. Mais demain, cela va chauffer pour messieurs les journalistes. Le colonel de gendarmerie là-bas m'a dit que les Allemands sont très bien au courant par leurs espions de l'arrivée des étrangers, ils ont voulu épargner les attachés militaires, mais on peut tenir pour certain qu'ils n'en feront que plus chaude réception aux journalistes ».

Ce raisonnement ne manquait pas de paraître assez plausible. Nous avons su par la suite que les Allemands avaient probablement gardé après leur première occupation quelque ligne téléphonique souterraine, communiquant avec leurs tranchées, à deux kilomètres de Reims, et qu'on n'a pu encore repérer ; qu'il y ait des espions à Reims, comme un peu partout, le fait semble indéniable, et il va de soi qu'un cortège d'une dizaine d'autos remplies d'uniformes, et annoncé dans tous les journaux, ne pouvait guère parcourir la contrée sans attirer l'attention des informateurs de l'ennemi. Mais qu'il ait voulu nous honorer tout particulièrement de salves de projectiles, il serait peut-être présomptueux de le prétendre. Que le bombardement ait commencé juste comme nous étions à table s'explique plutôt par le fait que nous avions choisi pour notre visite le moment précis, à deux heures de l'après-midi, où l'ennemi commence régulièrement son tir. Le matin, au contraire, il ne bombarde presque jamais.

Le lendemain, de très bonne heure, nous faisions un voyage d'inspection le long des lignes du feu, direction Soissons et retour, randonnée extrêmement intéressante qui mérite son chapitre à part. Vers midi et demi, nous nous rapprochions de Reims, et la cathédrale surgissait à nos yeux, dominant la contrée à plusieurs lieues à la ronde. Ses tours gardent leurs lignes majestueuses qui, à distance, paraissent encore presque intactes ; la toiture de la nef est entièrement détruite par le feu ; vues de plus près, les tours sont en partie noircies, en partie couvertes comme des taches de lèpre par le travail de la flamme d'un échafaudage incendié ; nombre de détails d'ornementation sont naturellement abîmés et chaque jour les projectiles ennemis enlèvent quelqu'autre chef-d'œuvre de ce magnifique décor sculptural. On vit sous l'impression que quelque jour ce monument unique s'écroulera.

Nous passons maintenant par des rues et des boulevards où presque toutes les maisons sont fermées, où la plupart des fenêtres sont bouchées par des planches remplaçant les vitres brisées, où une maison sur quatre ou cinq est entièrement détruite, où les autres portent comme des marques de petite vérole, causées par les éclats d'obus. Tout le temps, nous avons rencontré des troupes de misérables fugitifs, poussant leurs charrettes sur les routes. On nous dit plus tard qu'à peine une vingtaine de mille d'habitants, parmi les plus pauvres, étaient restés à Reims qui comptait auparavant 120.000 âmes. L'ennemi semble s'efforcer de faire évacuer complètement la ville. Nous sommes descendus à l'hôtel du Nord, le seul de la ville encore ouvert et dont la patronne, une jeune femme courageuse, semble bien résolue à tenir jusqu'au bout. L'hôtel le plus proche, à quatre maisons de distance, est complètement écroulé ; l'hôtel du Nord, lui-même, a son troisième étage rasé par les obus, dont les éclats sont venus tomber jusque dans le lit de la patronne. Dans cet hôtel, à moitié en ruines, on nous sert un déjeuner exquis. Je n'en parle pas par gourmandise, mais pour constater encore une fois l'abondance miraculeuse de la France qui se retrouve jusque sous le bombardement dans cette ville dévastée, dont toutes les communications par chemin de fer sont depuis longtemps coupées. Voilà le modèle de la bonne hôtesse française qui, dans la situation la plus critique, ne manque pas de soigner le vieux renom de la maison. Le déjeuner était fort animé, et alors, comme nous étions au champagne, nous levant pour remercier les officiers qui nous guidaient, alors, comme réglé par un régisseur, une détonation formidable secoua la maison entière. Une bombe de 150 vient d'exploser dans l'avenue, presque devant nos fenêtres. Une demi-minute se passe, puis deux explosions encore, un sifflement... nouvelle explosion, on entend le fracas d'une maison proche qui s'écroule.

Le bombardement a commencé sur le coup de deux heures ; je ne puis évaluer exactement le nombre de projectiles qui tombèrent comme une pièce d'artifice autour de la cathédrale voisine, mais d'après l'évaluation des chauffeurs qui nous attendaient on peut l'estimer de vingt à vingt-cinq en moins d'une demi-heure, dans les alentours immédiats de la cathédrale, laquelle semble donc bien avoir été l'objet visé. Trois ou quatre maisons ont été atteintes et un café sur la place de la cathédrale totalement démoli. Les habitants sortaient sur le pas de leur porte avec une curiosité mêlée de prudence, et déjà de vieille habitude, on entendit leurs réflexions : « Les bandits, ils ne finiront donc jamais. » Plus tard, à Epernay, des fugitifs m'ont affirmé que le bombardement avait continué la plus grande partie de l'après-midi, environ 200 bombes.

Encore une fois, pour bien apprécier ce récit d'un témoin oculaire, il faut se tenir présent à l'esprit qu'aucune raison militaire ne pouvait motiver ce bombardement. Reims est, au point de vue militaire, une ville évacuée par les troupes. Mais les Allemands gardent le fort de Brimont, à 6 kilomètres au nord de Reims, et c'est de là qu'ils dévastent systématiquement la ville.

VII

Novembre 1914

C'était avec des sentiments étranges et mélancoliques que je parcourus le front entre Soissons et Reims. Car là-bas, en face, de l'autre côté de l'Aisne, à deux lieues de distance, se trouve *mon* ancien petit « patelin » français à moi, et de là les batteries allemandes vomissaient maintenant leur feu, et dans notre ancienne maison des officiers allemands étaient certainement logés. N'est-il pas surprenant qu'un Suédois puisse parler de son « pays » en France?

Mon chez moi français est Paris, je me sens essentiellement comme parisien, mais le vrai parisien a presque toujours son « pays », le coin de province où la famille a son origine, où il garde des relations et des parentés depuis plusieurs générations, ou tout simplement possède sa résidence d'été. Le vrai parisien s'intéresse à ce coin de terre, et son rêve est d'en être le maire ou le conseiller général. Pour ma part, je connais assez bien la province française, et c'est pour cela que j'ai foi en la France, que je crois fermement en sa victoire finale et en son avenir glorieux, chose dont je serais moins inébranlablement convaincu si, comme l'immense majorité des étrangers, je jugeais la France uniquement d'après le Paris qui s'amuse. C'est pourquoi je suis aussi fermement convaincu de l'immense avantage culturel et matériel qu'aurait ma patrie suédoise à développer les relations les plus cordiales et les plus intimes avec un pays dont le magnifique avenir répondra au glorieux passé. Car quelle France renouvelée et purifiée ne sortira-t-elle pas de cette épreuve, quelle noble culture ne refleurira-t-elle pas de ce sol arrosé de sang?

Je me sens donc assez chez moi dans différents pays de France, en Normandie et dans le Pas-de-Calais, en Touraine, dans le Jura, dans les Vosges, dans le Béarn et dans les Pyrénées; mais mon vrai « pays » a pourtant été, pendant seize ans, la contrée entre Laon et Reims, sur les marches de Champagne et de Picardie. Là-bas, ma belle-mère, qui est Française, avait une vieille maison appelée Le Prieuré, car c'était l'ancienne résidence du prieur d'une communauté de Prémontrés ou Pères blancs. On l'appelait aussi « le château » et la maison avait une tour d'escalier octogone, du XVIe siècle. Une de mes filles est née là, et depuis 1892 j'y ai passé, parfois trois semaines, parfois deux mois, chaque été. Il y a quelques années, nous avons vendu la maison à un cousin. Mais quand même, les liens des souvenirs vous attachent toujours à un pays qu'on connaît si bien.

J'ai parcouru dans toutes les directions ces contrées de la France qui vont des plus merveilleuses forêts de l'Europe, à Compiègne et à Villers-Cotteret, par Soissons et Anizy-Pinon jusqu'aux antiques pays autour de Laon et de Reims, nobles foyers de la civilisation latine et chrétienne, berceau et lieux saints de la royauté française. Tout ceci forme maintenant la *ligne de l'Aisne*, qui restera célèbre dans l'histoire des grandes guerres, pays ravissant, boisé, très varié, de terrain ondulé. Le triangle Soissons-Laon-Reims offre un terrain assez vivement accidenté, coupé de très hautes collines ou de saillants montagneux qui portent de vastes plateaux. C'est justement la ligne, dans les régions de Vailly et de Berry-au-Bac, dont vous lisez presque quotidiennement les noms dans les communiqués.

On m'avait laissé avancer aussi près qu'il était possible de Craonne, dans le canton duquel se trouve notre ancienne maison. Mes lecteurs trouveront sur la carte la petite ville de *Fismes*, juste au sud de Laon, sur la rive gauche de l'Aisne. Fismes est actuellement un nœud de jonction et un centre militaire situé sur le bord des lignes de feu de l'artillerie, mais de là nous avançâmes encore trois kilomètres plus loin, à Meurival, juste au-dessus de l'Aisne, fortement exposé au tir des batteries ennemies en face, établies sur les hauteurs de Craonne, et qui toutefois ne nous firent pas l'honneur de nous saluer. Mais on nous prévint que si une auto ou un groupe de trois à quatre personnes s'avançait à un kilomètre de là, les batteries allemandes ouvriraient immédiatement le feu. Les tranchées étaient impossibles à approcher, sinon la nuit, où l'on y portait la nourriture et faisait la relève des hommes. Les Français tenaient là les deux rives de l'Aisne, leurs tranchées serpentaient sur plusieurs kilomètres au nord de la rivière, vers Craonne, où elles approchaient jusqu'à trente à quarante mètres des tranchées allemandes.

C'est peut-être là que les soldats français « jouaient au Poincaré », petit jeu qui consiste à mettre un tuyau de poêle en guise de haut de forme, au bout d'un bâton, et à le promener au-dessus de la tranchée. Le chapeau s'inclinait en profondes salutations de droite et de gauche, les soldats poussaient des acclamations : Vive Poincaré ! Vive le Président ! en jouant la Marseillaise sur un accordéon, tandis que les Allemands arrosaient d'une fusillade nourrie le chapeau ricaneur. Mais je n'en finirais pas si je racontais toutes les farces dont s'égaient nos soldats pour rompre la monotonie des tranchées.

Juste en face de moi s'étendait donc le vieux pays si connu : Craonne, sur son dos d'âne montagneux, une des positions stratégiques les plus importantes de la France du Nord, autour de laquelle toutes les invasions se sont heurtées ; et la ferme de Heurtebise, célèbre déjà dans les fastes de 1814, aujourd'hui disputée, prise et reprise chaque jour ; et le « Chemin des Dames » si souvent cité dans les communiqués, qui passe presque devant notre ancienne porte, et le « Camp de César », avec son vieux moulin qui servit de poste d'observation à Napoléon.

Plus loin, je crois voir la grande route nationale de Reims à Laon, l'antique voie romaine, pavée de larges pierres entre deux longues files de peupliers, route où cheminaient lentement les attelages majestueux de bœufs blancs, accouplés par le lourd joug antique, tirant leurs chars à roues pleines, comme au temps des mérovingiens. La voie des légions romaines qui plus tard fut la route du Sacre, et voici Corbeny, notre bureau de poste, où les rois de France, au retour de Reims, faisaient leur première halte et touchaient les écrouelles. Ce chemin du Sacre, peut-être le plus glorieux au monde, forme maintenant la ligne de démarcation entre les positions ennemies qui sont là plus rapprochées que sur tout autre point du territoire ; au nord sont les tranchées allemandes, au sud les tranchées françaises.

Au-dessus, à deux kilomètres, s'élève le camp de César, où des vestiges de fossés profonds marquent encore la place du camp fortifié de l'Imperator. Dans son ombre, se trouvait notre petite maison. Je me souviens d'avoir grimpé là avec Strindberg qui cherchait de l'or dans les concrétions ferrugineuses du chemin. Ce vaste plateau domine le pays entier. De là on distingue à l'œil nu les cathédrales de Reims et de Laon, et au télescope, si le temps est très clair, celle de Soissons. Un souvenir que je confie à mes officiers me rend songeur. Un an ou deux avant que nous quittions le pays, vers 1907, les habitants du village jasèrent beaucoup sur certaines fouilles exécutées là-haut sur le plateau, marqué par le Touring-Club comme l'emplacement du Vieux Laon. Personne ne savait quel était le nouveau propriétaire qui, par l'intermédiaire d'un notaire de Craonne, avait acheté aux paysans des terrains incultes. On parlait d'un « Consortium de Reims » qui allait construire un Casino, un sanatorium ou un pavillon de chasse. On disait qu'on y avait découvert une source ferrugineuse ; le fait est qu'on y semblait creuser des puits, et qu'on avait déjà transformé en larges routes commodes pour automobiles l'abrupte grimpette qui jadis escaladait le flanc de la montagne. On avait commencé des fondations mystérieuses, mais le fait est qu'on ne vit jamais aucune construction s'élever, et l'année suivante toute l'affaire était abandonnée et oubliée. Maintenant, quand on constate l'importance stratégique de ce plateau, on a droit de supposer qu'il y eut là un cas de ce travail préparatoire des allemands qu'on signale sur tous les points intéressants du territoire français. Souvent celui-ci s'exprime sous la forme si innocente d'un camp de tennis... bâti sur un fondement de ciment tellement solide qu'il supporterait une maison à six étages, à plus forte raison une batterie d'obusiers, et infailliblement ces tennis sont entourés de plantations épaisses, de préférence de magnifiques rododendrons, pour dissimuler les batteries. Vu les préparatifs faits par l'ennemi sur tant d'autres points, il semble peu probable qu'il ait négligé une position aussi importante que celle du plateau dit du Vieux Laon.

Il doit en être là de même que dans les marais de Saint-Gond, près de Châlons-sur-Marne, où une partie de la bataille de la Marne fut décidée. Ces vastes terrains marécageux formaient, eux aussi, une position stratégique importante et les Français remarquèrent l'étonnante sûreté avec laquelle la garde prussienne (qui pourtant fut battue) s'orientait sur les chemins, choisissant les plus solides, évitant les fondrières. Là aussi, il y a quelques années, s'était présenté le représentant de quelque mystérieux Consortium, pour acheter en bloc tous les marais afin de les dessécher. Il obtint des paysans les cadastres, c'est-à-dire, les plans les plus détaillés des terrains. Les ayant bien étudiés et sans doute copiés, il offrit un prix si dérisoire que l'affaire en resta là.

VIII

Décembre 1914

Dans une dernière lettre, j'ai laissé mon lecteur avec moi, à Meurival, au bord de l'Aisne, entre Reims et Laon. Devant nous s'étendent, couvertes d'une légère couche de neige, les collines de Craonne où se trouvent les batteries ennemies. Nous ne distinguons naturellement pas celles-ci, non plus que les tranchées françaises qui serpentent au nord de la rivière, visibles seulement lorsqu'on se trouve pour ainsi dire dessus. Tout est ici silencieux et immobile, mais à l'est et à l'ouest, à Berry-au-Bac et à Vailly, le canon tonne dans le lointain. Ici, devant nous, vingt mille hommes peut-être sont cachés sous terre, et on n'aperçoit rien sur la plaine nue.

A Meurival, se trouve une ambulance de campagne provisoire de première ligne. Les blessés sont relevés dans les tranchées par les brancardiers, qui, sur place, badigeonnent la plaie avec de l'iode et la bande ; ils les portent ici à Meurival où les cas les plus graves sont immédiatement traités, et opérés s'il est nécessaire. Les autres sont envoyés par automobile à l'ambulance de la « gare d'évacuation » la plus proche, quelques kilomètres en arrière de la ligne de feu. Les plus atteints restent là en traitement quelques temps avant d'être évacués vers Paris, le Midi ou autres points du territoire.

Nous tournons maintenant le dos au terrain de bataille et nos autos armées de carabines nous ramènent à Fismes. Aussitôt que nous avons dépassé les premières collines le spectacle change subitement. Au lieu d'un silence lourd de menaces, c'est maintenant l'animation intense de la vie. Tout le long du front, à l'arrière de la ligne de feu, se développe un immense camp militaire, d'un mouvement pittoresque et tumultueux, avec quelque chose de partiuclièrement vivace et excitant dans l'air.

Sur les chemins ici un peu creusés par les ornières, roulent sans fin des caravanes d'équipages du train, d'énormes voitures de ravitaillement ou de munitions couvertes de toile grise, et derrière elles de longues files d'autobus, nos autobus de Paris passés du civil dans le militaire. Salut aux braves autobus ! Ce sont eux qui, de la capitale, amenèrent en hâte les quinze mille hommes envoyés par Galliéni pour renforcer l'armée

Maunoury et qui décidèrent de la victoire de l'Ourcq. De même, ils portent maintenant sur les points nécessaires des milliers d'hommes campés jusque sur les toits. Il en passe des dizaines et des dizaines de ces autobus. En deux heures, des forces assez considérables sont transportées ainsi des dépôts, pour renforcer les points nécessaires sur la ligne de feu. Entre eux, filent mystérieuses et peintes en gris les grandes auto-mitrailleuses blindées, hermétiquement closes.

Fismes, petite ville maintenant complètement militarisée, offre un aspect fort pittoresque. Tous les habitants semblent y être restés, peut-être n'ont-ils jamais quitté la ville pendant l'invasion allemande au commencement de septembre. Ils semblent rayonnants dans leur sécurité retrouvée et ils n'ont évidemment aucune crainte que l'ennemi revienne jamais, bien que celui-ci soit seulement à dix kilomètres, et qu'ils entendent quotidiennement la canonnade. On sent dans l'atmosphère l'affection de confiance, d'une part, et de protection, de l'autre, entre le civil et le militaire. La ville est surpeuplée car aux habitants s'ajoutent autant de soldats. Les soldats sont partout, on voit leurs têtes aux fenêtres, entre une vieille et son vieux, on les voit sur le pas des portes, on les voit en groupes à chaque coin de rue, flirtant avec les femmes et les filles. Dans cette intimité tendre, on devine l'amour de la bonne ville pour le protecteur, et aussi pour le consommateur. Et voici que s'explique cette refloraison que j'ai constaté dans les localités voisines du front et qui les fait bien plus animées que la capitale un peu déserte ; c'est que, sous le pas des armées, refleurit le commerce.

La bonne ville de Fismes m'apparaît donc comme une idylle au milieu des terrifiantes réalités de la guerre. Mais des impressions pareilles ne sont pas des anachronismes dans ces dures et graves circonstances. On est frappé au contraire de tout ce qu'on rencontre, sur le théâtre des opérations, de bonté, de douceur et de gaieté, je dirais même de tendresse.

Dans le fait matériel des horreurs de la guerre, je n'ai pas pendant un voyage de vingt jours rencontré sur le front un seul blessé sinon eeux qui reposent dans les lits blancs des ambulances, ou des convalescents décemment bandés, heureux de se retrouver hors de danger ; je n'ai pas vu dans la plaine un seul cadavre de cheval, ce qui prouve combien le service de nettoyage est parfait.

Dans le domaine moral, je n'ai rien vu de la brutalité, la violence, la cruauté que devrait engendrer la guerre ; je suis frappé au contraire de l'amabilité, la serviabilité, la réelle bonté qu'elle amène au jour, et qui rayonne sur la figure des soldats. A Paris, jamais les messieurs ne se sont levés avec autant d'empressement dans le Métro pour céder leur place à une dame, ne fut-elle ni jeune, ni jolie. C'est le sentiment de solidarité et d'entre-aide, auquel la guerre donne naissance ; chacun fait son *mea culpa* : suis-je assez serviable et bienveillant pour mon prochain? Sur le front, ce sentiment prend une ampleur saisissante. Le petit piou-piou français, toujours si sympathique et si complaisant, ne sait plus comment montrer sa bonne volonté ; le terrible « poilu » lui-même rayonne de sympathie affectueuse pour la population qu'il défend ; il y a un lien instinctif entre lui et les « gosses ». C'est le soleil de la grande *Fraternité* qui s'est levé sur un peuple en armes.

Je crois qu'il y a bien peu de place, dans ces bataillons sans nombre, pour les grincheux et les égoïstes, et que les mauvais caractères eux-mêmes s'améliorent forcément sous la pression de la camaraderie générale. Tous se tutoient, le marquis dans le rang et l'ouvrier ; il n'y a plus de différence de classes, c'est le vrai socialisme. Tous s'entre-aident, les riches partagent avec les pauvres ; on ne va pas seul à la cantine, on n'y va qu'en invitant un copain. Tout ce que le caractère français possède de politesse naturelle et de sociabilité bienveillante ne s'est jamais manifesté plus sincèrement que pendant cette guerre.

Nous continuons notre route dans l'immense camp où de nouveaux spectacles s'ouvrent derrière les collines, où chaque pli du terrain a été ingénieusement utilisé pour cacher des diverses installations de vastes dimensions : baraquements pour les soldats, longs hangars couverts de bottes de paille qui servent comme écuries. Seul, l'emplacement des batteries reste invisible.

Tout à coup, nous voyons paraître des cités étranges qui ressemblent à des villages nègres. Un instant j'ai eu l'espoir de tomber sur des troupes sénégalaises, mais nous n'avons pas rencontré un seul noir, ceux-là doivent tous être dans les Flandres. C'est tout simplement des piou-pious français qui se sont installés à la mode des sauvages en y mettant pas mal du confort des civilisés. Nous visitons des villages de huttes coniques, construites en terre battue, souvent couvertes de paille, à la mode des Laponais ou des Indiens de l'Amérique du Nord, avec un trou en haut pour laisser passer le tuyau du poêle. D'autres sont des petites huttes en forme de grandes niches, toujours en terre battue, avec seulement deux couchettes en chacune ; il paraît qu'on y dort admirablement et que c'est là qu'il fait le plus chaud.

Mais voici à un nouveau tournant de la route que nous entrons dans un village peuplé de villas en miniature, comme celles des stations de bains de mer. Ce sont, toujours en paille et en terre battue, des chaumières normandes et des châlets suisses, voire des maisons gothiques. Tous portent leur nom inscrits sur la façade : « La Revanche », « Aux Glorieux Alliés », « Villa Normande », « Maison Bretonne », « Pro Patria »,

« Maison Gothique », « Patrie et Honneur », « La Brabançonne », « La Marseillaise », « Ça me suffit », « Ma Chaumière ». Nous trouvons même une rue des plaisirs : « Bar Américain » « Olympia » (avec orchestre). Ces petites constructions si ingénieuses ont des fenêtres ornées de vitres, des ornements architecturaux, des horloges ; on trouve à l'intérieur une salle à manger, une cuisine ; elles ont des tables et des chaises, des panoplies d'armes sur les murs, elles me rappellent les habitations primitives de nos anciens paysans suédois, qu'on voit au musée du Nord, à Stockholm. C'est là que les soldats relevés des tranchées trouvent quelques jours de repos relatif, mais c'est de là aussi qu'ils portent la nuit la bonne soupe aux camarades. Dans ces gentilles maisons de soldats, où se manifestent l'amour et le besoin perpétuel du travail soigné qui est propre aux Français, ce qui m'a touché surtout, ce sont les petits jardins dessinés à la française devant chaque maison, avec leurs petits sapins et leurs arbustes verts coquettement alignés.

Mais dans cette vie du front ce qui frappe le plus c'est la noblesse qui marque de son sceau la face de tous ces hommes. Ce ne sont plus des paysans, des prolétaires, des petits employés, ce sont des soldats, et la conscience de risquer tous ensemble leur vie pour protéger leur terre et leurs foyers en fait comme les membres d'une immense chevalerie. Chez tous on devine une fierté qui les hausse au-dessus de leurs conditions dans la vie courante, et qui s'exprime très nettement par la crânerie du regard et de l'attitude.

L'état de guerre sied à merveille au type français, il fait ressortir en pleine lumière les caractéristiques les plus attachants de son tempéramment : l'insouciance joyeuse devant le danger, la courtoisie et la générosité innées de la race.

IX

Décembre 1914

Je lis dans les journaux suédois des correspondances des plus dignes de foi venant du front allemand et rédigées par des écrivains militaires d'une compétence indiscutable. Elles affirment l'excellent moral des troupes allemandes, leurs forces d'endurance et leur bonne organisation.

Je veux bien ne pas douter de la justesse de leurs appréciations, mais je suis tout aussi convaincu que si ces mêmes observateurs avaient, en toute impartialité, visité le front français, leur jugement eût été aussi favorable. Ils auraient déclaré certainement que l'armée française leur donnait l'impression d'être aussi invincible et sûre de la victoire. Ils seraient arrivés aux mêmes conclusions que nous autres correspondants de guerre, et que les attachés militaires des pays neutres ; je n'ai pas le droit de connaître les rapports officiels et confidentiels de ces derniers, mais je crois savoir leur impression générale et que celle-ci est la meilleure possible. Ce sont des hommes du métier dont l'opinion me paraît avoir quelque valeur.

Les voilà donc ces deux armées, pour le moment à peu près à égalité, terrées dans leurs positions réciproquement impénétrables, et sans avancer d'une manière sensible depuis quatre mois. Si les Français, ce qui est un fait, ont avancé de deux ou trois kilomètres sur quelques points, il leur faudrait bien du temps pour arriver à la frontière de cette manière. Mais une chose semble certaine pour ceux qui ont vu de leurs yeux ces multiples lignes de tranchées et ces labyrinthes souterrains : le tout forme, des Vosges à la mer du Nord, un mur de fer que l'ennemi ne brisera jamais. Ce mur, qui protège la France, l'ennemi ne le brisera pas, sur ses points même les plus exposés ; Nancy en est le meilleur exemple, la ville ouverte, exposée entre toutes, et que les obus n'ont même pas pu atteindre. Reims en est un autre, l'ennemi peut le réduire en miettes sous le feu de ses batteries lointaines, il ne peut pas y pénétrer.

Dans la France toute entière règne non seulement le sentiment de la sécurité mais la plus sûre confiance dans la victoire finale, et je puis vous certifier que tous les bruits sur le prétendu découragement des Français ne sont que des mensonges tendancieux, répandus à l'étranger. Des Suédois de marque, de passage ici pour leurs affaires, ont constaté comme moi cette certitude de la victoire qu'ils trouvaient pour leur part quelque peu excessive. — « A Londres, disent-ils, les gens parlent des conditions de la paix à imposer, tout comme s'ils étaient déjà sous les murs de Berlin. » En ce qui concerne les Français, ils sont affermis dans la conviction qu'ils useront et affameront leur ennemi à la longue ; ils ont conscience d'avoir en mains tous les atouts, ils ont en réserves les peuples amis contre l'Allemagne isolée : la Roumanie, l'Italie, peut-être le Japon.

La grande offensive viendra quand la nouvelle armée anglaise de près d'un million aura débarqué en France, et quand on aura prêt un stock colossal de munitions d'artillerie. On a travaillé nuit et jour à la fabrication d'artillerie de campagne lourde, pour laquelle la France était en retard sur l'ennemi ; au cours de ces dernières semaines, l'artillerie lourde, les 120 court et long, le Rimailho de 150, les mortiers de campagne de 120 ont, en nombre considérable, commencé un excellent travail sur le front et l'on a préparé un stock de munitions qui pourra surpasser même les cent mille obus par jour de la bataille de la Marne. Au point de vue de munitions, disent les Français, nous aurons toujours le dessus ; derrière nous la mer est libre, la matière brute ne nous fera jamais défaut, nous attendons le jour où le cuivre, le nickel, le nitrate et autres matières manqueront à l'Allemagne bloquée, le jour où elle sera forcée d'économiser ses obus et ses cartouches.

Pour en revenir au front je puis assurer à mes lecteurs qu'il n'y a pas la moindre exagération dans mes relations du moral excellent des troupes qui a sa raison dans l'indestructible bonne humeur de la race. Quelques-uns de mes lecteurs qui ont vécu en France et peut-être assisté à des manœuvres, n'en pourraient pas douter, car ils n'ont pu manquer d'être frappés par la tenace endurance des troupes et leur gaîté à travers toutes les fatigues. Qu'on y ajoute la très résistante force physique de la race française, généralement méconnue par l'étranger, parce que le piou-piou français est de taille assez petite, mais on peut lui appliquer le proverbe suédois : « menu mais plein du diable ». N'avez-vous pas, par exemple, remarqué l'aisance extraordinaire avec laquelle un homme du peuple en France porte les fardeaux les plus pesants? Quand vous arriverez à la gare, vous verrez un individu blême et famélique suivre votre voiture au petit trot pendant plusieurs kilomètres pour jeter ensuite votre lourde malle sur son dos et escalader cinq étages sans avoir l'air de faire un effort.

Dans la vie rude et dure des tranchées, s'est développée une race de soldats à tout crins, farouches et terribles. J'ai vu sur le front deux espèces assez distinctes du soldat français : le petit piou-piou de vingt ans, presque imberbe encore, avec un trait de naïveté et de douceur gentille, et mêlés avec ces piou-pious de la classe, les grands frères, les « poilus », réservistes de l'active, et ces derniers, on dirait qu'ils ont vu plus profondément dans les horreurs de la guerre, et qu'ils en sont imprégnés. Etant plus vieux, ils ont plus justement senti le tragique des réalités. Ils sont passés au feu, éprouvés comme de vieux briscards, ils ressemblent trait pour trait aux soldats de Raffet, ceux de la révolution et de l'épopée napoléonienne : barbes hirsutes, traits basanés, visages creusés, regards ardents, figures de passion et de fièvre, et « ils fumaient », selon l'expression de leurs officiers, on croyait voir du feu sortir de leurs narines, comme des naseaux d'un étalon. Ils avaient l'air vraiment démoniaque et ne semblaient pas devoir être commodes à rencontrer. Plus tard, je les ai reconnus dans un dessin de *L'Illustration* : c'étaient eux, les zouaves prisonniers et ligotés que les Allemands poussent devant eux contre les bataillons français, qui alors hésitent à faire feu, et le premier zouave qui crie : mais tirez donc, les gars ! Le même feu sauvage qui illumine les traits du zouave héroïque, il me semble que je l'ai rencontré dans tant de regards de soldats sur le front.

Trois éléments sont décisifs pour une armée : le haut commandement, le moral des troupes, l'intendance. Je vous ai parlé de la valeur des généraux, maintenant célèbres, qui commandent ; autour de Joffre, le grand généralissime, ce sont ceux que j'ai déjà cités lors de la bataille de la Marne : Galliéni, Pau, puis Foch, de Castelnau, Maunoury, Franchet d'Esperey, de Langle de Cary, Sarrail, que je nomme dans l'ordre de leur commandement de l'ouest à l'est ; il faut y ajouter le général Dubail, en Haute-Alsace, les généraux d'Urbal, de Maud'huy, Grossetti, sous les ordres de Foch, dans les Flandres, le général Bertholet, chef d'état-major du généralissime.

J'ai déjà assez parlé de l'excellence du moral des troupes, et de celle de l'intendance, au moins sur le front. Quant à l'organisation des dépôts, je ne la connais pas.

Derrière le mur vivant du front se trouve le pays le plus fertile et la nation la plus résistante qui soit en Europe. On a vite réparé les graves erreurs du premier mois, on a bouché tous les trous, la nation française a retrouvé toute son énergie, son élasticité, sa promptitude de décision et d'action. La France étonne toujours le monde ; quand on la croit le plus en décadence elle se relève avec des forces renouvelées. Elle s'impose au respect de l'ennemi, car les Allemands n'ont pas pour elle assez d'éloges, et le Kronprinz lui-même, dans son interview donné à un Américain, se croit obligé de parler de l'armée française avec une admiration chevaleresque. Mais encore une fois, cher lecteur, ne croyez pas aux nouveaux bruits tendencieux de paix séparée ; la vérité est dans les paroles de Viviani « que la France ira jusqu'au bout » et qu'il avait la *certitude de la victoire*. Nul homme d'état français ne peut parler autrement, en présence de la résolution unanime et inébranlable qui remplit la nation.

* * *

Il existe encore dans l'armée française un élément moral d'une portée considérable, je veux parler des relations entre officiers et soldats. Ce n'est pas ainsi que dans d'autres armées un rapport avant tout d'obéissance passive et de discipline, mais bien plutôt un lien de confiance cordiale, je dirais même d'amour et d'admiration. Ceci s'exprime d'une manière bien significative dans cette formule de *cote d'amour* qui est particulière à l'armée française.

Cette cote figurée par un chiffre indique le degré d'affection que l'officier sait inspirer à ses hommes et ainsi la prise qu'il a sur eux ; elle a son importance pour son avancement. L'officier qui prend sur son dos le sac du soldat qu'il voit exténué, qui partage son tabac avec ses soldats et s'en prive lui-même pour eux, celui-là a la cote d'amour la plus haute, mais la plupart agissent ainsi. L'officier donne l'exemple de l'esprit de sacrifice, c'est un ami, un frère plus savant et plus fort. Ce n'est pas qu'il se montre faible et trop facile avec ses hommes, la sévérité et la justice sont nécessaires, mais, tout en préservant ces principes, on gagne énormément en sachant prendre les Français par la confiance et la cordialité et en flattant même un peu leur amour-propre si sensible. La discipline prussienne est sans doute bonne pour les prussiens, mais si l'on avait commis une erreur de psychologie nationale aussi grave que d'imposer l'automatisme prussien aux Français, il y a longtemps qu'ils se seraient révoltés. Pour l'officier, au contraire, qui sait les prendre comme il faut, ses hommes braveront la mort. Ceci, je l'ai entendu bien des fois sur le front, dans l'accent qui dit « mon capitaine », je l'ai lu dans le regard franc et dévoué du soldat. Jamais je n'ai mieux compris le besoin du Français d'avoir un chef à aimer et à suivre. Il est évident qu'un pareil chef peut les envoyer tout droit à la mort et qu'ils iront gaiement pourvu qu'il marche à leur tête. Ce sont essentiellement les officiers qui ont su créer cette solidarité chaleureuse qu'on sent partout sur le front, et qui naturellement constitue un facteur moral d'une extrême importance. Je doute que des sentiments exactement pareils puissent exister entre officiers et soldats dans aucune autre armée, car nulle part n'est appliquée aussi entièrement cette méthode démocratique d'éduquer les hommes dans la discipline consentie. Elle ne conviendrait sans doute pas à aucune autre nation.

Pendant quarante-quatre ans, ils ont travaillé, en silence, le regard infatigablement fixé sur le but, ces admirables officiers français, les sauveurs de la Patrie. Ils ont vécu pauvres, modestes, retirés, mal payés, et c'était quelque chose de touchant que de lire dans les journaux les calculs sur le maigre budget d'une famille d'officiers. Ils ont vécu dans ce qu'on appelle « la misère décente », en sa forme la plus pénible. Bien que hautement estimés par tous ils ont vécu sans aucun des privilèges que confère une situation sociale brillante ; ils n'ont même pas en France leur plein droit de citoyens, privés comme ils sont du droit de vote ; ils ont vécu à demi soupçonnés par les gouvernants, souvent attaqués par l'extrême-gauche — sans pouvoir se défendre — parfois persécutés pour leurs opinions privées, religieuses ou autres. Ils ont pu risquer leur avancement s'ils osaient aller à la messe. Mais ils ont fidèlement tenu et travaillé jusqu'au bout, et maintenant c'est le corps d'officiers de la France qui sauve la Patrie.

Pendant cette extrême épreuve, on peut dire que la **nation française** a montré l'attitude la plus digne, la plus courageuse, la plus noble ; toutes ses plus belles qualités se sont manifestées, toutes les scories de l'égoïsme bourgeois et de l'arrivisme ont fondu au feu de l'épreuve, et l'or pur seul est resté. Mais dans la nation, il existait heureusement déjà un élément d'or pur, un élément libre de l'égoïsme, de l'esprit de lucre et de jouissance qui avait trop envahi une partie de la société, le corps d'officiers français qui avait sacrifié tout désir légitime d'avantages matériels et de bien-être, pour vouer leur vie à la défense de la Patrie.

www.ingramcontent.com/pod-product-compliance
Lightning Source LLC
Chambersburg PA
CBHW060955050426
42453CB00009B/1183